Helena Neumann

Zauber
Strohsterne

CHRISTOPHORUS
BRUNNEN-REIHE

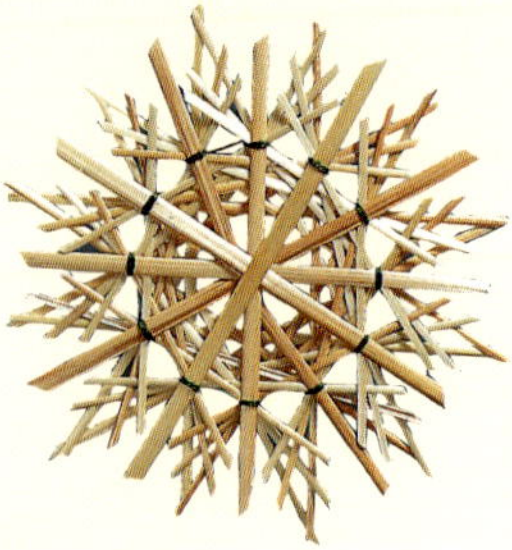

Inhalt

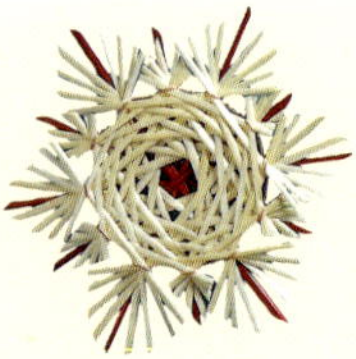

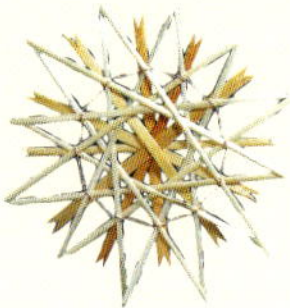

Für Susanne und Simone

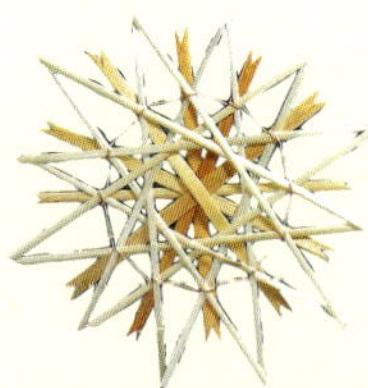

Zauberhafte Strohsterne

Alle Jahre wieder sind sie ein nicht wegzudenkendes Schmuckstück zur Weihnachtszeit: die filigranen und in unendlichen Variationen bekannten Strohsterne. Sie zieren Tannenzweige, Weihnachtsbäume oder Kartengrüße, verschönern Geschenkverpackungen oder Fensterbäume und bieten als große Fenstersterne oder im Bilderrahmen attraktive Blickänge.

Mit diesem Büchlein lade ich Sie ein, zauberhafte Strohsterne zu gestalten. Die vielen Variationsmöglichkeiten, wie die verschiedenen Flechtmuster, die vielfältigen Spitzenschnitte und die Verzierungen mit verschiedenen Garnen, Perlen oder farbigen Halmen, werden Sie begeistern!

Wir beginnen mit ganz einfachen Sternen mit nur einer Flechtrunde und steigern uns zu anspruchsvolleren Exemplaren mit bis zu vier Runden übereinander. Probieren Sie es aus. Sie werden überrascht sein, wie leicht sich auch sehr filigrane Sterne herstellen lassen. Ich bin überzeugt, es werden Ihre Lieblingssterne!

Mit dieser Zusicherung viel Spaß und gutes Gelingen wünscht Ihnen

Helena Neumann

So gehts

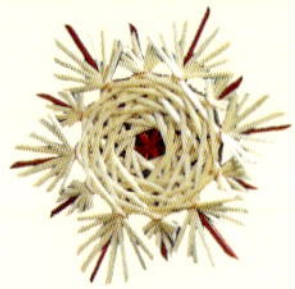

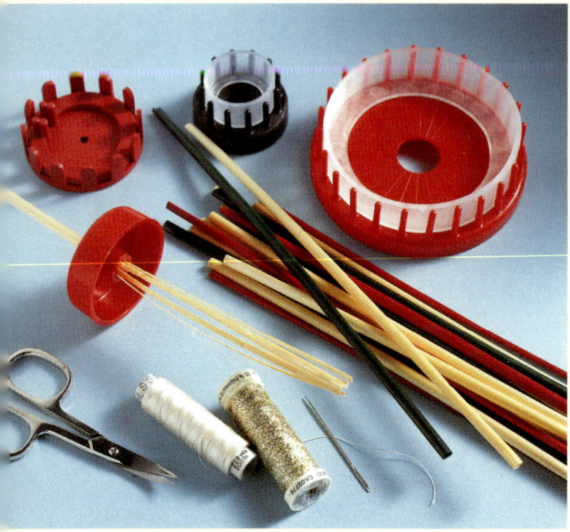

Material & Hilfsmittel

- Strohstern-Legeformen in drei verschiedenen Größen: klein (etwa 4,5 cm ∅, 12 Lücken), mittel (etwa 5,5 cm ∅, 12 Lücken), groß (etwa 10 cm ∅, 24 Lücken)
- Strohhalmspalter sechsfach (Häufig ist ein Spalter in der kleinen Legeform integriert)
- Strohhalme, gebleicht, naturfarben oder farbig, z. B. Rot, Orange, Grün
- reißfestes Garn, z. B. mittelstarkes Häkelgarn, reißfester Goldfaden, Zwirn
- Stopfnadel
- feine Schere, z. B. Nagelschere

Vorbereiten der Strohhalme

Strohhalme durch den Strohspalter schieben. Es entstehen sechs schmale Halme.

Für breite Halme Stroh über Nacht in warmes Wasser legen und am nächsten Tag an einer Seite aufschlitzen (am besten mit einem Trennmesser aus dem Schneiderbedarf oder mit jedem spitzen Messer) und nass auseinander bügeln.

Strohhalme anordnen

Legeformen bestehen aus der Form und dem Fixierring. Zuerst den Fixierring herausnehmen, dann die Runden gemäß dem Vorlagebogen legen (siehe auch Seite 6). Die Form liegt am besten auf dem Tisch. Während die rechte Hand die Halme im Uhrzeigersinn nach dem Muster legt, hält die linke Hand alles in der Form leicht fest.

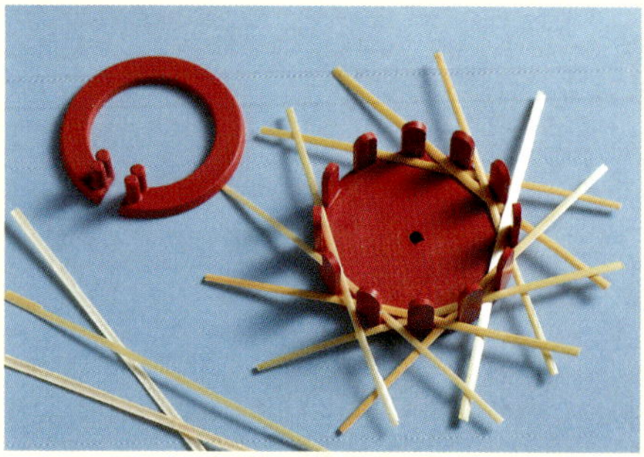

Sind Sie fertig, mit dem Fixierring die angeordneten Halme halten. Für die Mittelrunden werden in der Regel nur 6 Halme benötigt, für alle anderen 12.

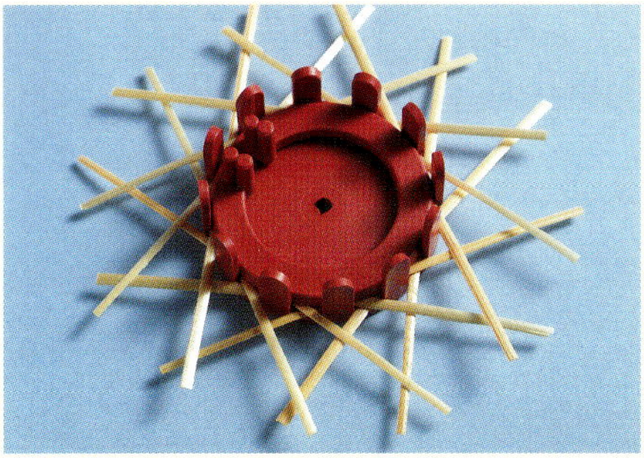

Sterne binden

Je nach Größe der Form einen etwa 75-120 cm langen Faden abschneiden. Grundsätzlich wird der Faden außerhalb der Legeform zweimal um jedes Strohhalmbündel gelegt.

Der Strohstern hat eine Ansichtsseite (AS) und eine Rückseite (RS). Auf der RS rechts neben einem Halmbündel mit dem Faden beginnen und auf die AS führen. Nach links über das Halmbündel legen und zur RS führen. Wieder zur rechten Seite des Bündels und zur AS, dann über die Halme und wieder zur RS führen. Beim ersten Bündel folgt jetzt ein Knoten, wobei ein Fadenende von etwa 10 cm zur Aufhängung übrig bleibt. Vom Knoten den Faden auf der RS nach rechts zum nächsten Strahlenbündel führen. Jetzt wieder auf die AS, nach links über die Halme und zur RS, wieder auf die rechte Seite zur AS und nach links über die Halme zur RS. Nun wird der Faden hinter einen der in der Legeform zu unterst liegenden Halme geklemmt, bevor man zum nächsten Strahlenbündel weitergeht. Und so weiter, bis alle Halme gebunden sind und man wieder beim ersten angekommen ist. Zum Schluss nochmals knoten (siehe auch Zeichnung auf dem Vorlagebogen).

Spitzen schneiden

Wenn der Stern fertig ist, werden die Spitzen mit einer kleinen Schere oder Nagelschere nach Wunsch zugeschnitten. Hier ergeben sich viele Variationsmöglichkeiten.

Tipp

Weil die Halme sehr empfindlich sind, beim Binden am besten mit einer Stopfnadel arbeiten und den Stern so drehen, dass der Faden immer nach unten hängt, d. h. man schaut abwechselnd auf die AS und auf die RS. Unbedingt darauf achten, dass die Legeform nicht mit eingebunden wird!

Einfache Sterne

Material

Rotweißer Stern

- kleine Legeform
- 6 Spalthalme, 9 cm
- 12 rote Spalthalme, 7,5 cm
- Metallicgarn

Einfarbiger Stern

- kleine Legeform
- 6 Spalthalme, 8,5 cm
- 12 Spalthalme, 8 cm
- Goldfaden

Bevor Sie beginnen, machen Sie am besten ein paar kleine Übungen, um die Grundtechniken zu erlernen.

Legen der Mittelrunde

Sechs etwas breitere Halme (0,4-0,5 cm) immer 2 über Kreuz zu 90° in die mittlere Form legen, bis alle Lücken besetzt sind (siehe Vorlagebogen). Dann probieren Sie dasselbe mit den beiden anderen Legeformen. Die große Form hat 24 Lücken. Verteilen Sie die 6 Halme über jede zweite Lücke.

Legen der Flechtrunden

Einen Strohhalm mit dem Strohspalter 6fach spalten und alle Halme in der Mitte teilen. Sie haben 12 Halme à 11 cm. Damit nach dem Vorlagebogen die Flechtrunden A, B, C und D einzeln legen. Ist eine Runde fertig, müssen in jeder Lücke 2 Halme sein.

Üben Sie dies mit allen Legeformen und schauen Sie sich die unterschiedlichen Ergebnisse genau an. Bei der großen Legeform besetzen Sie wieder nur jede zweite Lücke.

Rotweißer Stern

Mit den hellen Halmen die Mitte legen, darauf mit den roten Halmen Flechtrunde C. Abbinden und mit dem gleichen Garn eine Schmuckrunde legen. Spitzen abschrägen.

Einfarbiger Stern

Die Mitte mit den 8,5 cm langen Halmen legen. Darauf Flechtrunde D. Mit Goldfaden abbinden, Halme zurecht ziehen und Spitzen abschrägen.

Stern-Variationen

Material

- Garn zum Abbinden

Stern links oben

- mittlere Legeform
- 6 grüne Spalthalme, 9 cm
- 12 Spalthalme, 7,5 cm

Stern links unten

- mittlere Legeform
- 6 Spalthalme, 8 cm
- 12 Spalthalme, 10 cm

Mittlerer Stern

- kleine Legeform
- 6 grüne Spalthalme, 10,5 cm
- 12 helle Halme, 8 cm

Stern rechts oben

- mittlere Legeform
- 6 geplättete Halme, 8,5 cm
- 12 Spalthalme, 9 cm
- 12 Perlen in Rot

Stern rechts unten

- mittlere Legeform
- 6 geplättete Halme, 9,5 cm
- 12 Spalthalme, 11 cm

Anleitungen Seite 10 und 24

Schneeflocken

Material

Stern mit Rot

- kleine Legeform
- 6 rote Spalthalme, 10,5 cm
- 12 helle Halme, 9 cm (C)
- 12 helle Halme, 7 cm (B)
- Goldfaden

Stern mit Grün

- kleine Legeform
- 6 grüne Spalthalme, 10 cm
- 12 Spalthalme, 8,5 cm (B)
- 12 Spalthalme, 5,5 cm (A)
- Häkelgarn in Natur

Stern in Natur

- kleine Legeform
- 6 Halme, 14 cm
- 12 Halme, 8 cm (C)
- 12 Halme, 7 cm (B)
- 18 Halme, 3,5 cm
- Häkelgarn in Natur

Stern mit Rot

Zuerst die Flechtrunden C und B legen. Darauf die Mitte mit den roten Spalthalmen arbeiten. Mit Goldfaden abbinden und eine zweite Zierrunde darüber arbeiten. Spitzen beschneiden.

Stern mit Grün

Mit den grünen Halmen die Mitte legen. Darüber die Flechtrunden B und A anordnen.

Stern in Natur

Mit den Flechtrunden C und B beginnen. Darauf die Mitte mit den langen Halmen arbeiten. Mit Garn abbinden und alle Halmspitzen abschrägen. An jedem zweiten Mittelhalm mit den kurzen Halmen Sterne anbringen: zuerst ein Kreuz und mit zwei weiteren die Diagonalen binden.

Stern-Variationen

(Abbildung & Materialangaben Seite 8/9)

Stern links oben

Mit den grünen Halmen die Mitte legen, darauf Flechtrunde B aus den hellen Halmen anordnen.

Stern links unten

Mit den 8 cm langen Halmen die Mitte legen. Darauf Flechtrunde B anordnen.

Mittlerer Stern

Mit den grünen Halmen die Mitte legen, darauf Flechtrunde D arbeiten.

Gefüllte Sterne

Stern mit Rot

- mittlere Legeform
- 6 rote Spalthalme, 10 cm
- 12 Spalthalme, 9 cm (A)
- 12 Spalthalme, 10 cm (C)
- Metallicfaden

Stern mit Grün

- kleine Legeform
- 6 grüne Spalthalme, 11 cm
- 12 Spalthalme, 10 cm (C)
- 12 Spalthalme, 7 cm (B)
- Metallicfaden

Stern in Natur

- mittlere Legeform
- 6 geplättete Halme, 10 cm, 0,5 cm breit
- 12 Spalthalme, 7 cm (A)
- 12 Spalthalme, 9 cm (B)
- Goldfaden

Großer Stern

- große Legeform
- 6 geplättete Halme, 20 cm
- 6 geplättete Halme, 13 cm
- 12 Spalthalme, 19 cm
- 12 Spalthalme, 16 cm

Anleitungen Seite 14 und 16

Zackensterne

Material

Oberer Stern
- kleine Legeform
- 6 geplättete Halme, 12,5 cm lang, 0,5 cm breit
- 12 Spalthalme, 8,5 cm (C)
- 12 Spalthalme, 7,0 cm (B)
- Goldfaden

Mittlerer Stern
- mittlere Legeform
- 6 rote Spalthalme, 10,5 cm
- 12 Spalthalme, 7,5 cm (B)
- 12 Spalthalme, 9,5 cm (C)
- Goldfaden

Unterer Stern
- mittlere Legeform
- 12 Spalthalme, 11 cm (C)
- 12 Spalthalme, 9 cm (B)
- Nähgarn

Oberer Stern
Mittelrunde mit den breiten Halmen legen. Darüber Runde C und Runde B arbeiten. Nach dem Abbinden in die breiten Halme Muster hineinschneiden.

Mittlerer Stern
Zuerst mit den roten Halmen die Mitte legen. Dann die Flechtrunden B und C arbeiten. Abbinden und eine Zierrunde legen: Unter den roten und über die hellen Halme.

Unterer Stern
Dieser Stern wird ohne Mittelrunde gearbeitet. Erst Runde C danach Flechtrunde B legen.

Gefüllte Sterne

(Abbildung & Materialangaben Seite 12/13)

Stern mit Rot
Mit den roten Halmen die Mitte legen. Darauf die Flechtrunden A und C anordnen.

Stern mit Grün
Die Mitte mit den grünen Halmen legen. Darüber die Flechtrunden C und B arbeiten.

Stern in Natur
Mit den breiten Halmen die Mitte legen. Darauf die Flechtrunden A und B anordnen.

Filigrane Sterne

Material

Oberer Stern

- mittlere Legeform
- 12 Spalthalme, 12 cm (C)
- 12 Spalthalme, 10 cm (B)
- 12 grüne Spalthalme, 10 cm (A)
- Häkelgarn in Natur

Mittlerer Stern

- kleine Legeform
- 6 Halme, 10,5 cm (Mitte)
- 12 Halme, 7,5 cm (A)
- 12 Halme, 7,0 cm (B)
- 12 Halme, 9,0 cm (C)
- Goldfaden

Unterer Stern

- kleine Legeform
- 12 Spalthalme, 9 cm (C)
- 12 Spalthalme, 6,5 cm (B)
- 12 Spalthalme, 5,5 cm (A)
- Häkelgarn in Rot

Oberer Stern

Der Stern hat keine Mittelrunde. Nacheinander die Flechtrunden C, B und A legen.

Mittlerer Stern

Zuerst die Mitte legen. Darauf die Flechtrunden A, B und C anordnen. Alle Strohenden gleichmäßig verteilen, abbinden und abschrägen.

Unterer Stern

Auch dieser Stern hat keine Mitte. Nacheinander die Flechtrunden C, B, A legen.

Großer Stern

(Abbildung & Materialangaben Seite 12/13)

In jede zweite Lücke der großen Form die Mitte mit den 20 cm langen Halmen legen. Danach die 13 cm langen Halme als zweite Mitte in die freien Lücken legen. Die folgenden Flechtrunden in die Lücken der Mitte 1 anordnen: erst C, dann B. Dabei zwei Lücken der ersten Mitte auslassen. Mit Goldfaden in den Lücken der Mitte 1 abbinden, den Faden hinter den Halmen der Mitte 2 entlang führen. Zur Stabilisierung den Stern aus der Form nehmen und von der Rückseite die doppelte Mitte mit einem Faden umspannen.

Naturlook

Material

Oberer Stern

- mittlere Form
- 6 geplättete Halme, 11 cm
- 36 Spalthalme, 10 cm
- Goldfaden

Mittlerer Stern

- mittlere Form
- 6 geplättete Halme, 11 cm
- 36 Spalthalme, 11 cm
- Häkelgarn in Grün

Unterer Stern

- mittlere Form
- 2 geplättete Halme, 12 cm
- 36 Spalthalme, 11 cm
- Goldfaden

Oberer Stern
Mit den geplätteten Halmen die Mitte legen. Darüber die Flechtrunden C, B und A anordnen.

Mittlerer Stern
Zuerst die Flechtrunden C, B und A legen, dann die Mitte aus den geplätteten Halmen darüber arbeiten.

Unterer Stern
Für die Mitte ein Kreuz aus zwei Halmen legen. Darauf die Flechtrunden C, B und A arbeiten.

Christbaumschmuck

(Abbildung & Materialangaben Seite 20/21)

Stern links oben
Zuerst die Mitte, dann Flechtrunden A, B und C übereinander legen. Zurechtziehen und mit Metallicfaden abbinden. Einen zweiten Faden zum Schmuck herumlegen.

Stern links unten
Zuerst die Mitte aus den geplätteten Halmen legen, dann darüber die Flechtrunden C, B und A.

Stern Mitte oben
Zunächst die Mitte legen. Darauf die Flechtrunden D, C, B und A anordnen. Die Halme zurechtziehen und abschrägen.

Christbaumschmuck

Material

- mittlere Legeform
- Garn zum Abbinden

Stern links oben

- 6 Spalthalme, 11 cm (Mitte)
- 12 Spalthalme, 7 cm (A)
- 12 Spalthalme, 9,5 cm (B)
- 12 Spalthalme, 11,5 cm (C)

Stern links unten

- 6 geplättete Halme, 9 cm (Mitte)
- 12 Spalthalme, 11 cm (C)
- 12 Spalthalme, 9 cm (B)
- 12 Spalthalme, 9 cm (A)

Stern Mitte oben

- 6 Spalthalme, 10,5 cm (Mitte)
- 12 grüne Spalthalme, 10 cm (D)
- 12 Spalthalme, 9 cm (C)
- 12 Spalthalme, 8 cm (B)
- 12 Spalthalme, 6 cm (A)

Stern Mitte unten

- 12 Spalthalme, 10,5 cm (D)
- 12 Spalthalme, 8 cm (B)
- 12 Spalthalme, 6,5 cm (A)

Stern rechts oben

- 6 Spalthalme, 8,5 cm (Mitte)
- 12 Spalthalme, 11 cm (C)
- 12 Spalthalme, 9 cm (B)
- 12 rote Spalthalme, 9,5 cm (A)

Stern rechts unten

- 6 geplättete Halme, 11,5 cm, 0,5 cm breit
- 12 Spalthalme, 8,5 cm (C)
- 12 Spalthalme, 6,5 cm (B)
- 12 Spalthalme, 5 cm (A)

Anleitungen Seite 18 und 22

Akzente in Rot

Material

Oberer Stern

- kleine Legeform
- 6 Spalthalme, 13,5 cm (Mitte)
- 12 Spalthalme, 8 cm (C)
- 12 Spalthalme, 6,5 cm (B)
- Häkelgarn in Rot

Mittlerer Stern

- mittlere Legeform
- 6 Spalthalme, 12 cm (Mitte)
- 12 Spalthalme, 10 cm (D)
- 12 Spalthalme, 10,3 cm (C)
- 12 Spalthalme, 7,5 cm (B)
- 12 Spalthalme, 6,5 cm (A)
- Häkelgarn in Rot

Unterer Stern

- große Legeform
- 6 geplättete rote Halme, 22 cm, 0,7 cm breit
- 48 Spalthalme, 22 cm
- 1,50 m Perlgarn in Rot

Oberer Stern

Mit den langen Halmen die Mitte legen. Dann die Flechtrunden C und B übereinander arbeiten.

Mittlerer Stern

Die Mitte und vier Flechtrunden in der Reihenfolge D, C, B und A übereinander arbeiten.

Unterer Stern

Die Mitte aus den roten Halmen legen. Danach mit jeweils 12 Halmen die Flechtrunden A, B, C, D übereinander anordnen. Alle Halmbündel abbinden. Die roten Halme mit der Nagelschere abrunden, die anderen Spitzen abschrägen.

Christbaumschmuck

(Abbildung & Materialangaben Seite 20/21)

Stern Mitte unten

Ohne Mitte drei Flechtrunden D, B und A übereinander legen.

Stern rechts oben

Aus den sechs Halmen die Mitte legen, darüber Flechtrunden C und B. Mit den roten Halmen Runde A arbeiten. Mit Goldfaden abbinden und eine weitere Runde zum Schmuck durchziehen.

Stern rechts unten

Mit den geplätteten Halmen die Mitte legen. Darauf die Flechtrunden C, B und A arbeiten.

Material

Stern oben links

- mittlere Legeform
- 6 Spalthalme, 11 cm (Mitte)
- 12 Spalthalme, 4,5 cm (A)
- 12 Spalthalme, 6 cm (B)
- 12 Spalthalme, 7,5 cm (C)
- 12 Spalthalme, 8,5 cm (D)
- Häkelgarn in Natur

Stern oben rechts

- mittlere Legeform
- 6 rote Spalthalme, 11 cm (Mitte)
- 12 Spalthalme, 9 cm (D)
- 12 Spalthalme, 9 cm (C)
- 12 Spalthalme, 7 cm (B)
- 12 Spalthalme, 4,5 cm (A)
- Häkelgarn in Natur

Stern unten

- große Legeform
- 6 geplättete Halme, 19 cm, 0,6 cm breit (Mitte)
- 12 Spalthalme, 17 cm (D)
- 12 Spalthalme, 14,5 cm (C)
- 12 Spalthalme, 13 cm (B)
- 12 Spalthalme, 10 cm (A)
- Goldfaden

Fenstersterne

Stern oben links
Zuerst die Mitte, dann die Flechtrunden A, B, C und D übereinander legen.

Stern oben rechts
Die Mitte mit den roten Halmen legen. Darüber die Flechtrunden D, C, B und A arbeiten.

Stern unten
Mit den geplätteten Halmen die Mitte legen. Die Flechtrunden D, C, B und A darüber arbeiten.

Sternvariationen

(Abbildung & Materialangaben Seite 8/9)

Stern rechts oben
Mit den 6 geplätteten Halmen die Mitte legen. Darauf Flechtrunde B anordnen. Das erste Bündel abbinden, Faden zusammenknoten und eine Perle aufziehen. Dann den Faden zum nächsten Bündel weiterführen, zweimal herumlegen, eine Perle aufziehen, usw.

Stern rechts unten
Zuerst die Mitte, dann darauf Flechtrunde C legen. Mit Häkelgarn abbinden und die Spitzen zurechtschneiden.

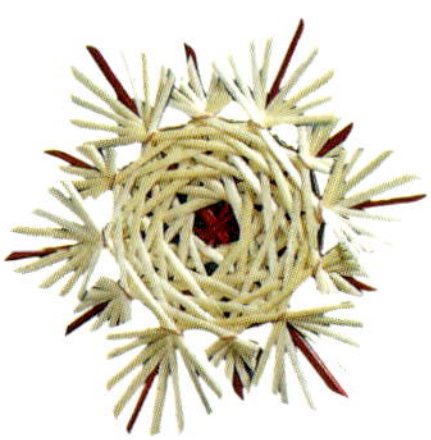

Wohn-Deko

Material

Linker Stern

- kleine Legeform
- 6 geplättete Halme, 9,5 cm (Mitte)
- 12 Spalthalme, 6,5 cm (C)
- 12 Spalthalme, 5 cm (B)
- Goldfaden
- Stab
- Heißkleber

Rechter Stern

- kleine Legeform
- 12 Spalthalme, 8 cm (D)
- 12 Spalthalme, 9 cm (C)
- 12 Spalthalme, 6,5 cm (B)
- 12 Spalthalme, 6,5 cm (A)
- Goldfaden
- Stab
- Heißkleber

Bild

- mittlere Legeform
- 12 Spalthalme, 7 cm (C)
- 12 Spalthalme, 7,5 cm (B)
- 6 rote Spalthalme, 6 cm (Mitte)
- Häkelgarn in Natur
- Bilderrahmen, 12 x 12 cm
- Filz oder Velours
- flüssiger Klebstoff

Stab-Sterne

Entsprechend der Grundanleitung einen beliebigen Stern anfertigen und mit Heißkleber auf einen Holzstab befestigen. Die Mitte beliebig ausschmücken, z. B. mit Perlen, Strohblumen usw.

Für den linken Stern mit den geplätteten Halmen die Mitte legen. Dann die Flechtrunden C und B anordnen.

Der rechte Stern hat keine Mitte. Die Flechtrunden D, C, B und A anordnen.

Bild

Passend zum Rahmen einen Stern anfertigen. Der abgebildete Stern besteht aus den Flechtrunden C, B und der Mitte aus roten Halmen.

Die Papprückwand des Rahmens mit Filz oder Velours bekleben. Den Stern hauchdünn mit flüssigem Klebstoff bestreichen und auf der Pappe befestigen.

Herzen & Kreise

Material

- kleine Legeform
- Spalthalme, 11 cm
- Garn zum Abbinden
- Stäbe
- Heißkleber

Vorlagen

E1 - E2

Die Mitte und 2-3 Flechtrunden mit gleich langen Spalthalmen (etwa 11 cm) legen. Pro Runde werden 12 Halme benötigt, für die Mitte sechs. Dann den fertigen Stern auf die Vorlage Herz oder Kreis legen und mit einer kleinen Schere ausschneiden.

Oberer Kreis
Keine Mitte arbeiten, sondern nur die Flechtrunden A, B und C übereinander legen.

Unterer Kreis
Erst die Flechtrunden A, B und C übereinander legen. Dann die Mitte mit sechs Halmen arbeiten.

Linkes Herz
Zuerst die Mitte aus roten Halmen legen. Dann die Flechtrunden A, B und C darüber anordnen.

Mittleres Herz
Zuerst die Mitte arbeiten. Dann die Flechtrunden D, C und B übereinander anordnen.

Rechtes Herz
Die Flechtrunden A, B und C übereinander legen. Dann die Mitte arbeiten.

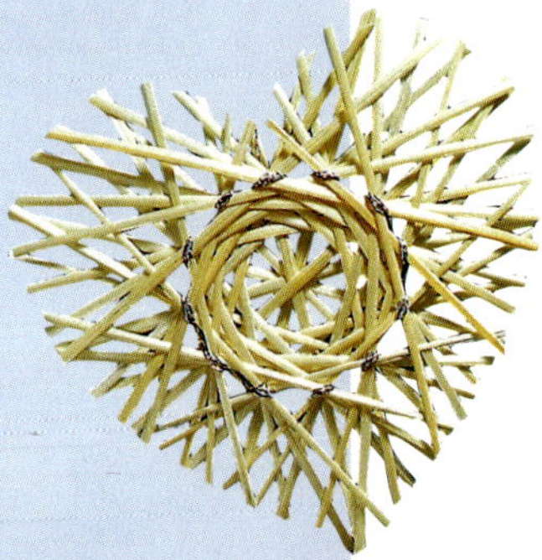

Tipp

Auf diese Weise lassen sich auch Ostereier herstellen! Dekorativ am Osterstrauß oder als Pflanzenstecker.

Stern-Karten

Material

- flüssiger Klebstoff

Obere Karte

- Doppelkarte in Grün
- kleine Legeform
- 12 Spalthalme, 9 cm (D)
- 12 Spalthalme, 10 cm (C)
- 12 Spalthalme, 7 cm (B)
- Perlgarn in Grün
- Goldperle
- Schleifenband in Gold

Mittlere Karte

- Passepartoutkarte in Weiß
- Filz in Grün
- kleine Legeform
- 6 Spalthalme, 6,5 cm (Mitte)
- 12 Spalthalme, 6,5 cm (A)
- 12 Spalthalme, 8,5 cm (D)
- Perlgarn in Natur

Untere Karte

- mittlere Legeform
- Passepartoutkarte in Weiß
- Filz in Grün
- 6 rote Spalthalme, 10,5 cm (Mitte)
- 12 Spalthalme, 8 cm (C)
- 12 Spalthalme, 6 cm (B)
- 12 Spalthalme, 4,5 cm (A)
- Goldfaden

Zu den Weihnachtskarten passt jeder beliebige Stern. Einfach den fertigen Stern mit flüssigem Klebstoff auf die Karte kleben. Nach Gefallen mit Schleifen oder Perlen dekorieren.

Obere Karte
Die Flechtrunden D, C und B übereinander anordnen. Den fertigen Stern auf der Karte fixieren und mit Schleife und Perle dekorieren.

Mittlere Karte
Zuerst die Mitte arbeiten. Dann die Flechtrunden A und D übereinander legen.

Untere Karte
Die Mitte mit den roten Halmen arbeiten. Dann die Flechtrunden C, B und A anordnen.

Tipp

Sie können den Stern auch in die Karte hängen, damit ihn der Empfänger weiter verwenden kann. Dazu den Aufhängefaden oben auf der Karte festkleben. Die Klebestelle mit einer Schleife oder mit dem Passepartout verdecken.

Impressum

Christophorus Verlag GmbH
Freiburg im Breisgau

Printed in Germany
ISBN 3-419-56278-0

Textredaktion:
Ursula Brunn-Steiner,
Groß-Gerau

Styling und Fotos:
Roland Krieg, Waldkirch

Covergestaltung und Layoutentwurf:
Network!, München

Gesamtproduktion:
smp, Freiburg
Layout: Gisa Bonfig, Freiburg

Druck:
Freiburger Graphische Betriebe

Wir sind für Sie da, wenn Sie Fragen haben.
Und wir interessieren uns für Ihre eigenen Ideen und Anregungen.
Schreiben Sie uns, wir hören gerne von Ihnen!
Ihr Christophorus-Team

Christophorus-Verlag GmbH
Hermann-Herder-Str. 4
79104 Freiburg
Tel.: 0761/ 27 17-0
Fax: 0761/ 27 17-3 52
oder e-mail:
info@christophorus-verlag.de

Profi-Tipp der Autorin

Sterne mit Rückseite

Sehr hübsch, aber auch etwas aufwendiger, sind Strohsterne, die auf Vorder- und Rückseite gleich aussehen. Dazu ein Beispiel: Flechtrunde C mit der Halm-Rückseite nach oben anordnen. Darüber genauso die Mitte arbeiten. Dann die Mitte mit der Rückseite nach unten legen, darauf genauso Flechtrunde C.

Wichtig ist, dass die Halme gleich breit sind. Dann die Halmbündel wie gewohnt abbinden und die Bindestellen leicht zusammenkleben. Wenn Sie für die Mitte geplättete Halme verwenden, geht es etwas leichter.